Die Kunst der Bausünde

Turit Fröbe

Die Kunst der Bausünde

DUMONT

Inhalt

Berlin – Das Alexa soll an Art déco erinnern und an die »unbeschwerten Zwanzigerjahre« anknüpfen, so der Investor. Art déco sah zwar anders aus – aber wer wird denn bei großen Gebäuden kleinlich sein.

Gute Bausünden, schlechte Bausünden

Die Bausünde als Chance

Die klassische deutsche Bausünde ist besser als ihr Ruf. Lange war sie verpönt, missachtet und unterschätzt. Sie galt als hässlich und austauschbar und wurde lapidar als architektonische Katastrophe oder Schandfleck gebrandmarkt – zu Unrecht. Denn Bausünde ist nicht gleich Bausünde. Manches, was landläufig als Bausünde bezeichnet wird, ist nur aus der Mode gekommen, einiges ist bereits als Fehlplanung entstanden, und anderes ist erst nachträglich durch Anbauten, Überformung, Anstrich oder Dekoration in den Stand der Bausünde erhoben worden. Ebenso unterschiedlich wie ihre Genese ist auch ihre Qualität. Je mehr Ablehnung und Unverständnis sie beim Betrachter auslöst, je größer ihr Störfaktor im Stadtbild, desto wahrscheinlicher ist es, dass es sich entweder um die Spektakelarchitektur eines Stararchitekten oder um eine gute Bausünde handelt, die ebenfalls eine Bereicherung für ihre Stadt sein kann. Eine gut gemachte, originelle Bausünde zeichnet sich durch Mut, Einfallsreichtum und eine beherzte Entschlossenheit aus. Sie verfügt über eine herausragende Bildqualität und hebt sich souverän aus dem unendlichen Meer der gesichtslosen, allgegenwärtigen Banalitäten ab, da sie eine gute Wiedererkennbarkeit garantiert und bei genauerer Betrachtung sogar eine gewisse Schönheit und einen ureigenen Charme besitzt.

Eine solche gute Bausünde ist das Alexa, die rosarote Shoppingmall, die im September 2007 am Berliner Alexanderplatz eröffnet wurde und seitdem die Gemüter erhitzt. Spätestens seit der Regierende Bürgermeister Klaus Wowereit ein knappes Jahr nach der Eröffnung das Alexa als hässlich identifizierte, ist es offiziell: Das Alexa ist eine Bausünde. Eine Beleidigung fürs Auge, ein Schlag, von dem sich der soeben im zaghaften Aufblühen begriffene Alexanderplatz nicht so schnell erholen werde – so oder ähnlich klingt das vernichtende Urteil in der Presse. Völlig zu Unrecht, denn das Alexa gehört zu den besten zeitgenössischen Bausünden, die die Republik in den vergangenen Jahren hervorgebracht hat. Schon die Spitznamen »rosaroter Hochbunker« oder »Pharaonengrab«, die die Berliner ihr gegeben haben, zeugen von einer höchst einprägsamen Bildqualität. Tatsächlich hat das Alexa alles, was eine gute Bausünde auszeichnet. Kubatur, Farb- und Formgebung sind so gewählt, dass sich garantiert kein Bezug zur Umgebung ergibt. Es ist auf schreiende Fernwirkung angelegt und wartet dabei mit überraschendem Dekor auf. Wer das Gebäude einmal gesehen hat, wird es in Bruchteilen von Sekunden wiedererkennen und verorten können. Damit hat das Alexa eine Bildqualität, von der andere Großprojekte Berlins nur träumen können. Die Shoppingmall ist deshalb so eindrücklich, weil sie sich äußerst wirksam aus dem architektonischen Einheitsbrei der schlechten Bausünden abhebt. Und diese schlechten Bausünden sind das eigentliche Übel unserer Städte!

Sind gute Bausünden für jedermann leicht identifizierbar, erscheinen die schlechten von derart penetranter Langeweile und Belanglosigkeit, dass sie häufig übersehen werden, obwohl sie allgegenwärtig sind. Sie sind austauschbar, sehen von Stadt zu Stadt gleich aus, und wenn sie überhaupt in den Fokus geraten, hat der Betrachter es schwer, angesichts ihrer

Banalität Anstoß an ihnen zu nehmen. Während gute Bausünden äußerst rar sind, machen die schlechten Bausünden den Großteil der Alltagsarchitektur aus, die uns umgibt. Ein Beispiel für so eine gebaute Lieblosigkeit ist der sieben- bzw. achtgeschossige mischgenutzte Baublock auf der Fischerinsel in Berlin, nur wenige Hundert Meter vom Alexa entfernt. Das Gebäude mit der öden Sandsteinimitat-Rasterfassade ist ein Prototyp gesichtsloser Investorenarchitektur, das an jeder x-beliebigen Ring- oder Ausfallstraße in jeder x-beliebigen Klein- oder Großstadt stehen könnte. An dieser Stelle auf der Fischerinsel handelt es sich jedoch nicht um einen x-beliebigen Block, sondern um eine ambitionierte Stadtreparatur und den Versuch der Reurbanisierung des historischen Zentrums. Ziel war es, an dieser Stelle eine geschlossene Blockrandbebauung sowie die charakteristische Berliner Traufhöhe zu rekonstruieren und den Stadtgrundriss von 1930 wieder lesbar zu machen. Was für eine Lieblosigkeit dabei am Ende herauskommen würde, war offensichtlich vollkommen egal – wichtiger war das, was sich auf diese Weise loswerden ließ: das Ahornblatt, ein lästiges, unter Denkmalschutz stehendes Stück ganz großer DDR-Baukunst, das den Planern ein Dorn im Auge gewesen sein muss. Das für seine Schalenkonstruktion berühmte skulpturale Bauwerk hätte auf lange Sicht alle Versuche torpediert, die Spuren der DDR-Vergangenheit aus dem Stadtbild zu tilgen. Zu groß waren die Bildqualität und die identitätsstiftende Wirkung des Ahornblattes, die weit über das benachbarte Hochhausquartier hinausging. Da half nur eins – Baukunst hin oder her: Das Ahornblatt musste weg! Berlin ist seitdem um eine bedeutende architektonische Ikone der Moderne ärmer, aber stattdessen ist nun (Gott sei Dank!) der Blockrand wiederhergestellt (egal wie) und der Stadtplan von 1930 wieder erlebbar (oder auch nicht?). Prioritäten sind wichtig!

Gute und schlechte Bausünden haben immer in einem Missverhältnis zugunsten der schlechten Bausünde gestanden. Das ist prinzipiell auch sinnvoll, da gute Bausünden vollkommen überflüssig wären, wenn es keine schlechten gäbe. Es bedarf einer gewissen Anzahl schlechter Bausünden, um die guten überhaupt wertschätzen und zur Geltung bringen zu können. Heute droht dieses sensible Gefüge jedoch aus dem Gleichgewicht zu geraten. Immer mehr gute Bausünden fallen der Abrissbirne zum Opfer und werden durch schlechte ersetzt. Gleichzeitig werden immer weniger gute Bausünden gebaut, da die Angst vor eindeutigen Bekenntnissen und den Launen des Architekturgeschmacks aufgrund der traumatischen Erfahrungen mit dem Erbe der Nachkriegsjahrzehnte so stark ist, dass sicherheitshalber nur noch auf wenig Anstößiges bzw. am besten Unsichtbares gesetzt wird. So kommt es, dass gute Bausünden heute fast so schwer zu finden sind wie gute Architektur. Dabei kann eine gut gemachte Bausünde eine echte Alternative zu mittelmäßiger Architektur sein! Ganz nebenbei kann sich ein Herz für Bausünden auch positiv auf den Erhalt und die Produktion guter Architektur auswirken, denn die Grenze zwischen guter Architektur und guter Bausünde ist fließend und häufig eine ganz feine. Wenn man sich also dafür entscheidet, die guten Bausünden zu erhalten, ließen sich damit auch automatisch all jene Bauten retten, die für Bausünden gehalten werden, weil sie vielleicht gerade nicht mehr dem Zeitgeschmack entsprechen, in Wirklichkeit aber gute Architektur sind. Gleichzeitig kann sich eine grundsätzlich positive Haltung gegenüber der guten Bausünde auch auf die Produktion guter Architektur auswirken, weil die Architekten und Planer wieder ungestraft auf eine charaktervolle Moderne setzen könnten.

In diesem Sinne: Es lebe die gute Bausünde!

Berlin – Das wird die Jury beeindruckt haben:
Die Alexa-Bögen korrespondieren mit den S-Bahn-Bögen!

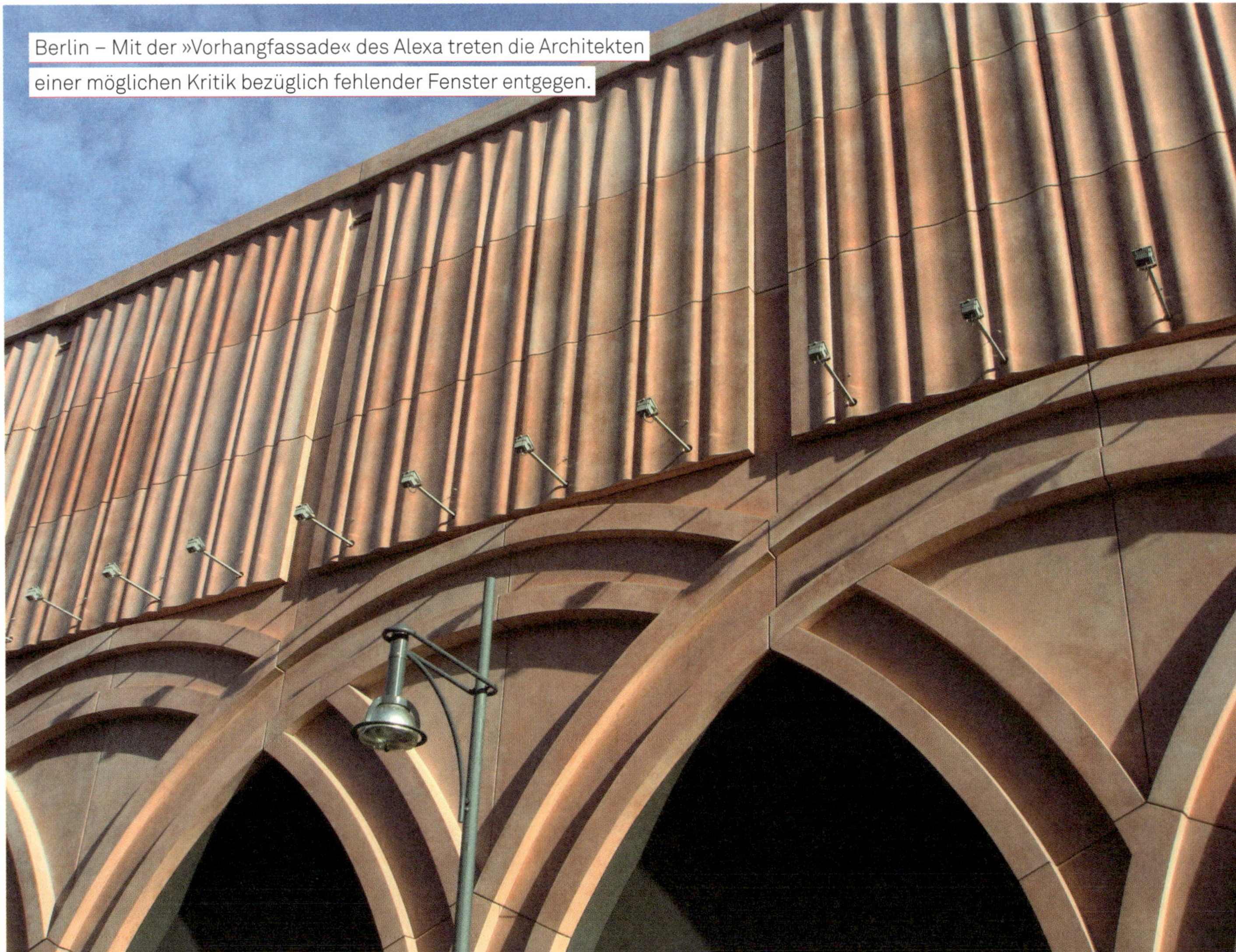

Berlin – Mit der »Vorhangfassade« des Alexa treten die Architekten einer möglichen Kritik bezüglich fehlender Fenster entgegen.

Berlin – Das Ahornblatt war ein Selbstbedienungsrestaurant mit 880 Sitzplätzen und wurde von 1970 bis 1973 auf der Berliner Fischerinsel erbaut. Es war das erste unter Denkmalschutz gestellte Bauwerk der DDR-Moderne nach der Wende, was ihm allerdings nichts nutzte. Im Jahr 2000 wurde es abgerissen und durch eine schlechte Bausünde ersetzt.

Berlin – Ahornblatt-Folgebebauung. Der Blockrand konnte geschlossen werden, die Berliner Traufhöhe ist wiederhergestellt und der Stadtgrundriss von 1930 wieder lesbar. Was will man mehr?

Berlin – Ahornblatt-Folgebebauung. In den roten Büroteil hat bezeichnenderweise das Bundesamt für Bauwesen und Raumordnung die Projektleitung zur »Wiedererrichtung des Berliner Schlosses / Neubau des Humboldt-Forums« einquartiert. Wie passend!

Braunschweig – Deutschlands mit Abstand penetrantester architektonischer Überraschungseffekt, das Happy Rizzi House.

Bausündenpolitik

Bausünden verraten viel über die Stadt, in der sie zu finden sind. Ein weit verbreiteter Irrglaube im Hinblick auf klassische Bausünden besteht darin, dass sie für austauschbar gehalten werden. Für die schlechten Bausünden trifft das zweifellos auch zu; die gute Bausünde hingegen ist in der Regel fest an ihrem Ort verwurzelt, auch wenn es auf den ersten Blick kaum den Anschein erwecken wird. Zwar gehört zu den Hauptcharakteristika der guten Bausünde, dass sie keinerlei Bezug zum umgebenden städtebaulichen Kontext aufweist und in Größe, Materialität, Farbgebung oder Form einen Fremdkörper darstellt, weshalb sie theoretisch natürlich überall stehen könnte. Praktisch hingegen hat jede Stadt ihre individuelle Bausündenpolitik und einen ureigenen Nährboden, auf dem Bausünden gedeihen oder eben nicht. Braunschweig hat einen Hang zu bildgewaltigen, mutigen und entschlossenen Bausünden. In den Siebzigerjahren sind in der Innenstadt einige ehrgeizige, heute aus der Mode gekommene monumentale Stadtbausteine entstanden. Während die meisten Städte mit vergleichbarer Historie heute quasi traumatisiert sind und die Planer bei Neubauprojekten am liebsten nur noch auf Rekonstruktionen setzen würden, ist man in Braunschweig experimentierfreudig und aufgeschlossen geblieben (obwohl nebenbei auch die Schlossfassade rekonstruiert wurde). Das zeigt sich beispielsweise im kunterbunten Happy Rizzi House, das von dem New Yorker Künstler James Rizzi entworfen und um die Jahrtausendwende am Rand des historischen Magniviertels erbaut wurde. Neben einer Reihe sehr ambitionierter, heute nicht mehr ganz zeitgemäßer innerstädtischer Bausünden besitzt Braunschweig außerdem eine der schönsten und eigenwilligsten Karstadt-Filialen der Republik.

Im Gegensatz zu Braunschweig ist Mönchengladbach eine vollkommen gesichtslose und nichtssagende Stadt, die sich

auf den ersten Blick als hochgradig bausündenfeindlich erweist. Mit erstaunlicher Konsequenz verzichtet Mönchengladbach auf jegliche klare architektonische Aussage und bleibt durchgängig im Bereich des unteren Mittelmaßes.
Als ähnlich öde erweist sich die Würzburger Bausündenpolitik. Hier hat sich die Stadt im Wiederaufbau auf die Rekonstruktion der Prachtbauten konzentriert und die »Zwischenräume« mit nichtssagenden Allerweltsbausünden aufgefüllt.
Nürnberg zeigt eine gewisse Aufgeschlossenheit gegenüber Bausünden und ist eine der wenigen Städte Deutschlands, in der die Bausündenkultur auch eine lokale Bautradition aufgenommen hat. Sowohl an den guten als auch schlechten Bausünden der Stadt findet sich eine an die mittelalterliche Kleinteiligkeit anknüpfende Formensprache mit kleinen Giebelchen, Erkerchen, Vor- und Rücksprüngen. Insbesondere das Motiv des »Nürnberger Chörleins«, ein meist hölzerner, selten auch steinerner erkerartiger Vorbau im ersten Obergeschoss, fand Eingang in die Bausündenproduktion – als Spolie, gemalt oder wie auch immer.
Darmstadt hat einen eigenen Bausündentypus hervorgebracht, den Schlösschentypus mit vielen Erkern, Türmchen und Fassadenstaffelungen. Stuttgart hat in den letzten Jahren seine innerstädtischen Bausünden hinter Glas gesetzt und verleugnet sie vollkommen, ähnlich wie Hamburg, Düsseldorf oder München, während sich die Kölner Haltung speziell im Wechselspiel zwischen historischer und moderner Architektur zeigt. Nirgendwo rückt die Moderne dem Bestand so penetrant und massiv auf die Pelle wie dort.
Städte wie Bielefeld, Krefeld oder Gießen überzeugen durch eine große Vielfalt und eine weite Spanne der Ausdrucksmöglichkeiten in der Gestaltung von Bausünden, wobei diese in der Regel vergangenen Dekaden angehören und sich zumindest auf den ersten Blick nicht in der Gegenwart fortsetzen. Berlin setzt hingegen sehr stark auf schlechte Bausünden, da im Vordergrund der Wunsch steht, alles zu glätten, was an Disparitäten und Narben zu sehen war. Insbesondere in den neuen Bundesländern finden sich auch Innenstädte wie die von Erfurt und Stralsund, die ganz ohne Bausünden auskommen. Vielleicht, weil sie in den Fünfziger- bis Siebzigerjahren von den im Westen typischen Großbausteinen verschont wurden und die daraus resultierende Enthemmung ausblieb.

Braunschweig – Die schönste Karstadt-Filiale Deutschlands wurde von einem Stararchitekten und späteren Pritzker-Preisträger entworfen.

Mönchengladbach kommt weitgehend ohne architektonische Charakteristika im Stadtbild aus und hat eine gewisse Affinität zu verspiegelten Fassaden. Letztere bieten sich immer dann an, wenn man von der eigenen Fassade ablenken möchte. Blöd nur, wenn sich auch nichts Vernünftiges darin spiegelt!

Würzburg – Die nackte Wand des Mainfranken Theaters ist, gemessen an den Bausünden der Stadt, fast schon aufregend.

Nürnberg – Mittelalter-Impressionen der späten Siebzigerjahre.

Nürnberg – Chörlein-Spolie.

Darmstädter Schlösschentypus –
Das pittoreske Lustschloss.

Darmstädter Schlösschentypus –
Die achsensymmetrische Zweiflügelanlage.

Köln – Bushaltestelle für Riesen an der Domplattform.
L'OREAL

Köln – Bedrängtes Stadthaus.

Essen – In den frühen Neunzigerjahren wurde die ehemalige B 1 in die A 40 umgewandelt. Seitdem wird die Autobahn in Teilen Mülheims und Essens quasi durch die Wohnzimmer geführt.

Die geplante Bausünde

Auch wenn es zuweilen schwer vorstellbar ist – alle Bausünden sind irgendwann mal von irgendwem geplant worden. Das betrifft sowohl die, die schon immer so aussahen, wie sie aussehen, als auch die, die nachträglich durch Umbau, Anbau, Anstrich oder Ähnliches in den Stand der Bausünde erhoben wurden. Hin und wieder sind sie auch vollkommen rätselhaft, was sie tendenziell aber noch interessanter macht. Im Fall der Humboldt-Box auf dem Berliner Schlossplatz ist sogar denkbar, dass das Gebäude ganz gezielt als Bausünde in Auftrag gegeben worden sein könnte, um im Betrachter das dringliche Bedürfnis nach einer historisch angelegten Schlossrekonstruktion als einzigen Ausweg aus der Misere zu wecken.

Unfälle und Rätsel

Echte Planungsunfälle, wie die Autobahn, die durch ein Wohngebiet geführt wird, der unüberschaubare Fußgängertunnel oder das Außengelände einer Kita an einer dreispurigen Verkehrsachse, bei denen sich die Frage stellt, wie so etwas passieren, wer so etwas entwerfen oder genehmigen konnte, sind entgegen der öffentlichen Meinung glücklicherweise sehr, sehr selten. Häufiger hingegen sind die kleinen Rätselhaftigkeiten, die zumindest für den Betrachter oft schon wieder Charme haben, wenn z. B. Fenster vergessen wurden, der Abstand von der Balkonfassade zum Nachbarhaus nur einen halben Meter beträgt oder die Dachrinne durchs Wohnzimmer geführt wird.

Weimar – Der Fußgängertunnel verbindet den liebevoll gestalteten Bahnhofsvorplatz mit dem Areal hinter der Bahnanlage. Ihn zu durchqueren, verspricht einen kräftigen Adrenalinschub und dauert gefühlte zwanzig Minuten.

Berlin – Das Außengelände dieser Kita an einer dreispurigen Durchgangsstraße in Charlottenburg trägt maßgeblich zur frühzeitigen Abhärtung der Atemwege der jungen Stadtbewohner bei und erhöht die spätere Lärmtoleranz.

Augsburg – Lästiges Fensterputzen
auf ein Minimum reduziert.

Flensburg – Sparsam geöffnete Fassaden tragen ihre Fenster wie die Dänische Kirche ihre Glockenauslassungen in der Regel oben rechts.

Bielefeld – Fenster und Gartenzaun korrespondieren miteinander.

Erlangen – Balkon mit Aussicht.

Köln – Aufgebrochen wird die radikale Fassadenausbildung durch die asymmetrische Positionierung der Dachfenster.

Saarbrücken – Die Traufe wurde liebevoll mit einer Gaube durchbrochen, mit dem Ergebnis, dass die Bewohner nun freie Sicht auf die Dachrinne haben.

Berlin – Der »Bierpinsel« in Steglitz, einst euphorisch begrüßte Pop-Art, ist heute eine der bildgewaltigsten Bausünden der Stadt. Selbst die temporären Graffiti, die ihn zeitgemäßer machen sollen, prallen an ihm ab.

Aus der Mode gekommen

Vieles, was heute auf kollektives Unverständnis stößt und Abrissfantasien weckt, ist keineswegs als Bausünde entstanden, sondern entsprach einst dem Zeitgeschmack und ist nur aus der Mode gekommen. Das betrifft die Stadtautobahnen, die durch Altstadtgebiete gepflügt wurden, die Großwohnsiedlungen, die monumentalen Kaufhaus-, Rathaus-, Krankenhaus- oder Verwaltungsklötze der Sechziger- und Siebzigerjahre genauso wie die skulpturalen, bildhaften Zeugnisse der Pop-Art-Architektur und der Postmoderne. Sie alle sind in ihrer Erbauungszeit zum Teil sogar euphorisch begrüßt worden. Aber der Architekturgeschmack ist launisch, und wenn auf der einen Seite die heute hoch geschätzte Architekturmode (Schießscharten-Fenster zum Beispiel) nicht davor gefeit ist, in fünfzehn bis zwanzig Jahren als Bausünde dazustehen, sind auf der anderen Seite die heutigen Bausünden nicht davor sicher, ein Revival zu erleben. Man denke nur an die jahrzehntelang verschmähten und verachteten Mietshäuser der Gründerzeit, die heute heiß geliebt und begehrt sind. Manchmal funktioniert die Dynamik tatsächlich auch andersherum, dann dauert es eine gewisse Zeit, bis der Wert einer Bausünde erkannt wird. Dem Pariser Eiffelturm ist es so ergangen. Die Proteste der Künstler und Intellektuellen gegen den »Schandfleck«, den »Industrieschlot«, der in Farbe, Form und Material nicht in den städtebaulichen Kontext passen wollte, sind gut dokumentiert. Der Grat zwischen guter Architektur und guter Bausünde ist tatsächlich schmal. Welche Stadt hätte nicht gern einen »Eiffelturm«?

Berlin – Sagt der gesichtslosen Architektur den Kampf an!

Gießen – Das »Elefantenklo«, ein Relikt der autogerechten Stadt, hat es zu überregionaler Bekanntheit gebracht.

Ostseestrand in Scharbeutz (nicht in der Dritten Welt).

Krefeld – Hier würden sich die Schlümpfe wohlfühlen.

Düsseldorf – Neoexpressionismus der Achtzigerjahre mit der optimistischen Botschaft: Es geht auf und ab – aber mehr auf!

Wuppertal – Kampfstern Galactica.

Berlin – Um in der Friedrichstraße einen solchen Fremdkörper platzieren zu dürfen, bedarf es schon einer Internationalen Bauausstellung (IBA '87).

Berlin – Erker-Eier am Plattenbau, die Ostberliner Antwort im Nikolaiviertel auf die IBA '87 anlässlich der 750-Jahrfeier.

Hamburg – Kirche im Bunkerstil.

Berlin – Kirche im Parkhausstil.

Bielefeld – Zumindest in den alten Bundesländern sind Parkhäuser ein Bausündengarant mit großer Trefferquote. Bei dieser sehr freien Bauaufgabe war der Fantasie der Entwerfer keine Grenze gesetzt, und entsprechend vielfältig sind auch die Ergebnisse.

Hannover – Da inzwischen fast alle Parkhäuser aus der Mode gekommen sind, beginnt ein großes Parkhausfassadensterben. In den neuen Bundesländern fehlen diese städtebaulichen Akzente vollständig.

Heringsdorf/Usedom –
Champagnerschalen-Präsentierteller mit Meerblick.

Die ambitionierte Bausünde

In Anbetracht der Tatsache, dass der Architekturgeschmack von Launenhaftigkeit geprägt ist und heute heiß Geliebtes mit hoher Wahrscheinlichkeit in spätestens fünfzehn bis zwanzig Jahren automatisch in die Kategorie Bausünde fallen wird, kann es durchaus konsequent sein, sich auf direktem Wege für die Bausünde zu entscheiden und nicht erst den mühsamen Weg über die gute Architektur einzuschlagen. Eine gut gemachte Bausünde ist nicht nur eine echte Alternative zur mittelmäßigen Architektur, sondern unter Umständen auch zur guten Architektur. Städte, die sich keine echte Spektakelarchitektur internationaler Stararchitekten wie Frank Gehry, Sir Norman Foster, Zaha Hadid oder Rem Koolhaas leisten können, um die öde Stadtlandschaft mit einem herausragenden Leuchtturmprojekt aufzuwerten, können durchaus auch auf gute Bausünden setzen und erhalten einen ganz ähnlichen Effekt. Gemeckert wird in der Regel sowieso, und der wesentliche Unterschied besteht darin, dass die Spektakelarchitektur sich nicht scheut, betrachtet zu werden, während eine gut gemachte, ambitionierte Bausünde bestenfalls gesehen werden möchte. Der große Vorteil aber besteht darin, dass eine gute Bausünde *noch* mehr darf als architektonische Landmarken; sie muss sich an keinerlei Konventionen halten, und spätestens in zwanzig Jahren können sowieso nur noch Spezialisten rekonstruieren, auf welchem Wege die Bausünde zur Bausünde wurde.

Frankfurt/Oder – Sieht aus ...

... als hätte der Blitz eingeschlagen.

Dessau – Soeben gelandet!

Braunschweig – Dekonstruktivistisches Mikado-Portal.

Dresden – Die Rückseite der Karstadt-Filiale stellt so ziemlich alles in den Schatten, was der Konzern jemals in deutsche Städte gesetzt hat. Wie eine Landschaft öffnet sie sich mit der gestaffelten Rückseite zum Parkplatz.

Heringsdorf/Usedom – Der Baum hat die Architektur zwar nicht überlebt, aber was zählt, ist natürlich der gute Wille.

Krefeld – Geht doch!

Berlin – Baller-Burg. Kein Architekt durfte im Berlin der Achtziger- und Neunzigerjahre gefühlt so viel bauen wie Hinrich Baller. Seine Architekturextasen in zarten Pastellfarben begegnen einem in der Stadt auf Schritt und Tritt, in Fennpfuhl …

... wie auch bei dieser Mehrzweckhalle in Schöneberg. Wien hat seinen Hundertwasser, Barcelona hat Gaudi, und Baller ist die Portion Kitsch, die sich Berlin leistet ...

... und hat offenbar auch einen Nachahmer inspiriert, wie dieser im Baller-Stil überformte Fünfzigerjahreblock in Spandau zeigt.

Potsdam – Neohistorismus am Neuen Markt. Die Paraphrasierung einer barocken Kopie eines Palladio-Palastes.

Erlangen – Gestrandeter Ausflugsdampfer.

Berlin – Schlossplatz: »Entwerfen Sie eine temporäre Architektur, die deplatzierter und unpassender in Form, Farbe, Ausdruck und Gestalt nicht sein könnte.« So oder ähnlich könnte die Bauaufgabe gelautet haben.

Als Wink mit dem Zaunpfahl steht der Humboldt-Box eine rekonstruierte Schlossfensterachse gegenüber.

Bielefeld – So schön kann ein Stromkasten inszeniert werden. Ein paar kleinere und größere Betonstelen, die ihn locker umspielen, und fertig ist das Kunstwerk!

Kunst am Bau und Stadtmöbel

In keiner anderen Sparte lassen sich Bausünden so einfach, effizient, preisgünstig und wirkungsvoll platzieren wie in der Kunst am Bau und im Stadtmobiliar. Es können damit auch in Gebieten, in denen es bisher an guten Bausünden mangelt, nachträglich noch wirkungsvolle Zeichen gesetzt werden, die dazu geeignet sind, den bebauten Raum aufzuwerten, umzudeuten und in neuem Glanz erstrahlen zu lassen. Hier dürfen die Planer sich austoben, die Sachzwänge sind niedrig, und bei den Ergebnissen handelt es sich oft um wahre Preziosen und Kleinode, die dem Betrachter manchmal echte, bisweilen sogar unlösbare Rätsel aufgeben.

Eine Stadt, die die Chancen und Potenziale erkannt hat, die sich mit innovativer Stadtmöblierung verbinden, ist das schwäbische Eislingen. Als die verantwortlichen Planer vor einigen Jahren erkannten, dass in ihrem Stadtbild »urbane Höhepunkte« fehlten, setzten sie mit Konsequenz auf Kreiselkunst, sogenannte Kunst im Kreisverkehr, um »unverwechselbare städtische Plätze zu schaffen«, so heißt es dazu auf der offiziellen Homepage der Stadt. Ein durchaus probates Mittel – man denke nur an die große internationale »Kreiselkunst«, den Triumphbogen und die Julisäule in Paris, den Columbus Circle in New York oder die Siegessäule in Berlin.

Bielefeld – Auch in Weiß ganz schmuck.

Hannover – Bei längeren Wartezeiten lädt diese Straßenbahnhaltestelle zum Schachspielen ein.

Göppingen – Der dreieckige Restplatz ist vollkommen ungenutzt, dafür aber exzellent beleuchtet.

Berlin – Glamour am Ende des Kurfürstendamms:
Die schönste Verbindung zwischen Kiosk und Currywurst-Bude.

Unterhaching – Um von der Verwüstung abzulenken, die das vormals sehr gelungene Einkaufszentrum der Sechzigerjahre durch Umbau erlitten hat, platzierte Wolfgang Flatz dieses liebliche Quietscheentchen als Blickfänger …

... und hantierte mit niedlichen Bauklötzen, statt wie bisher als autoaggressiver Künstler von sich reden zu machen.

Koblenz setzt auf ein innovatives Vielzweck-Stadtmöbel. In der schlichten Käfigkonstruktion lassen sich zwei Stromkästen unterbringen, ein Parkscheinautomat und eine Straßenlaterne. Außen kann sie allseitig mit Blumenschmuck behängt werden. Nur der Mülleimer muss zwecks besserer Bedienbarkeit draußen bleiben.

Koblenz – Wahlweise auch mit Ampel und Straßenschild.

Eislingen – »In einem Meer vor unserer Zeit – Temnodontosaurus« heißt dieses Ungeheuer, das aus der Tiefe der Verkehrsinsel auftaucht und sich am Ortseingang den Autofahrern entgegenstellt. »Der Ölschiefer als Tagebuch aus vergangenen Tagen dient als Informationsträger und gleichzeitig als Fundament der Glasskulptur. Durch die Bruchkante in der schwarzen Juraplatte tritt das Urtier in Erscheinung und wird in unsere Zeit transportiert«, steht auf der zugehörigen Informationstafel.

Eislingen – Die etwas kopflos wirkende »Wegweiserin« dreht sich im Wind, »bleibt zufällig an einem Punkt stehen, der nicht vorher bestimmbar ist … In diesem Sinne steht der Kreisverkehr … auch als Sinnbild für das Leben. Er beschreibt den unendlichen Kreislauf des Werdens und des Vergehens … Und er beschreibt das Kreiseln um sich selbst. Denn wie sollen wir uns entscheiden? Sind nicht unendlich viele Wege möglich?«, gibt die Informationstafel zu bedenken.

Eislingen – »Der Empfänger« ist auf die französische Partnerstadt Oyonnax ausgerichtet. »Symbolisch wirkt die Form wie eine Parabolantenne, die den Dialog mit der Partnerstadt eröffnet und als Empfänger von Signalen aller Art aus dieser Richtung dienen soll«, steht auf seiner Informationstafel.

Eislingens jüngster urbaner Höhepunkt gibt Rätsel auf und
lässt bisher noch eine erklärende Informationstafel vermissen.

Göppingen – Die unmittelbar an Eislingen grenzende Stadt Göppingen sah sich offenbar genötigt, in Sachen Kreiselkunst nachzuziehen.

Dargestellt ist hier ein Szenario, das anschaulich demonstriert, was mit einem Pkw passieren kann, der mit überhöhter Geschwindigkeit in den Kreisverkehr fährt.

Lüneburg hat ein fast vollkommen intaktes historisches Stadtbild, das lediglich durch ein paar Park- und Kaufhäuser gestört wird. Umso überraschender ist es, dass sich die Stadt dann doch ausgerechnet an einem ihrer Wahrzeichen, dem Wasserturm, so spektakulär vergriffen hat. Aber klar, der wirkt ja aus der Ferne.

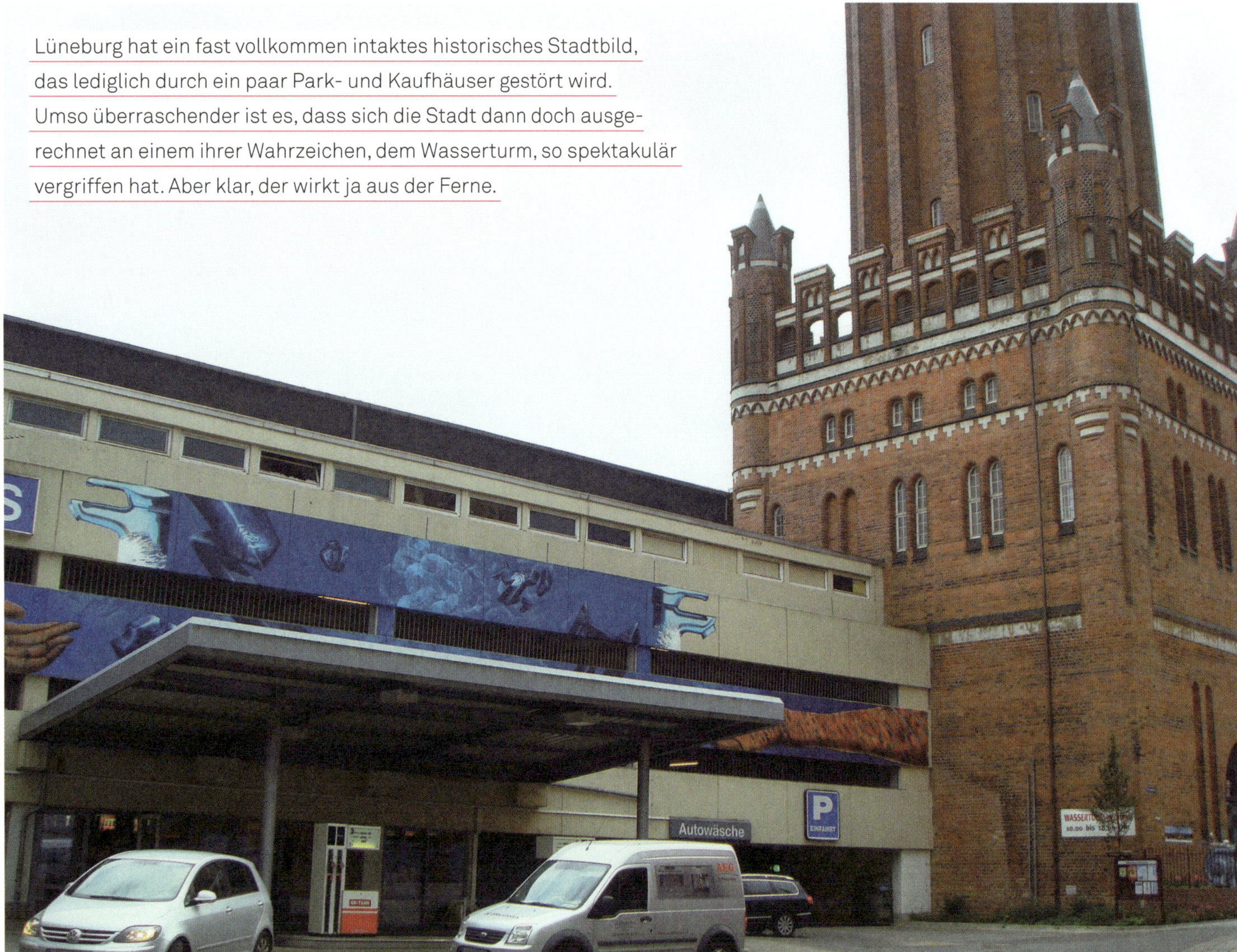

Nachträglich in den Stand der Bausünde erhoben

Es ist nie zu spät für eine gute Bausünde. Ein bisschen Entschlossenheit, Mut, Fantasie und Inspiration braucht es – keine Frage –, aber grundsätzlich lässt sich jedes Gebäude mittels einiger gezielter Eingriffe in eine gute Bausünde transformieren, die ein echter Hingucker wird. Eine große Inspirationsquelle sind die schier unerschöpflichen Produktpaletten der Bau- und Heimwerkermärkte, die sich in unendlichen Kombinationsmöglichkeiten sehr individuell an den Fassaden anbringen lassen. Aber nicht nur durch Dekoration, sondern auch durch Anbau, Überformung, Anstrich und manchmal auch durch eine punktgenaue Beschriftung lässt sich nachträglich alles Erdenkliche in den Stand der Bausünde erheben.

Angebaut

Die einfachste Möglichkeit, einen bestehenden Bau effizient in den Stand einer Bausünde zu erheben, ist der Anbau. In diesem Fall ist darauf zu achten, dass der größtmögliche Kontrast zwischen neu und alt gewählt ist, dass z.B. Materialien nicht zusammenpassen bzw. sich deutlich abheben oder ausdrücklich nicht in die Erbauungszeit gehören. Möglich ist auch, mit Maßstabssprüngen zu arbeiten – dabei ist nicht nur der kleine Anbau an der Großform denkbar, sondern reizvoll ist auch der Großbau, der an die Kleinarchitektur gehängt wird. Und wenn einem gar nichts anderes einfällt, bietet sich grundsätzlich immer der fensterlose Anbau an.

Kaiserslautern – Stadthaus aus dem 19. Jahrhundert mit spektakulären An- und Aufbauten ...

... skulptural und wehrhaft!

Frankfurt/Oder – Sieht aus wie eine eingerüstete Baustelle ...

... ist aber das Maximilian-Kolbe-Haus.

Nürnberg – Erweiterungsbau des Albrecht-Dürer-Hauses.

Hamburg – Ein verspiegelter Wintergarten passt natürlich immer.

Bielefeld – Um einen langweiligen Anbau, zu einer »guten Bausünde« aufzuwerten, empfiehlt es sich, einen ausdrucksstarken Ausgangsbau zu wählen.

Bielefeld – Auf der sicheren Seite: der fensterlose Anbau mit Tageslicht im Hobbykeller.

Bremerhaven – Hier waren Vereinfacher am Werk.

Überformt

Eine anspruchsvolle und mitunter knifflige Methode, ein bestehendes Gebäude nachträglich in den Stand der Bausünde zu erheben, ist die Überformung. Oft genügt ein hautenges, neues Gewand, die Verkleidung mit Spiegel, Glas, »gummierten« Mauerwerksverblendungen oder Kacheln, um einen völlig neuen Look zu erhalten. Interessanter aber wird es meist, wenn die Ursprungsform von der neuen Idee durchdrungen und in eine vollkommen andere Gestalt transformiert wird. In diesem Fall bedarf es dann einer starken bildnerischen Konzeption und in den meisten Fällen auch eines Architekten.

Die Überformung ist ein dauerhaftes Statement, das einen stärkeren Eingriff in die Bausubstanz erfordert als die anderen Techniken einer nachträglichen Aufwertung. Bei ihr bleibt am wenigsten von der Anmutung des Ausgangsbaus übrig, und sie lässt diesen zugunsten der neuen Idee stark in den Hintergrund treten. Deshalb ist die Überformung etwas für entschlossene, sehr couragierte Menschen, die ihren Stil gefunden und keine Angst vor der Festlegung haben.

Ahlbeck / Usedom – Postmoderne Röhrenapplikation.

Glücksburg – Aufgepumptes norddeutsches Backsteinhäuschen mit Spiegelsonnenbrille.

Castrop-Rauxel – Auch Gründerzeitarchitektur lässt sich ohne Weiteres nachträglich in eine Bausünde transformieren.

Bochum – Es fehlen lediglich ein Badewannengriff und ein Handtuchhalter.

Berlin – Erst auf den zweiten Blick erschließt sich, dass es sich um eine überformte Gründerzeitvilla handelt und nicht etwa um einen Neubau der Achtzigerjahre, der mit Spolien geschmückt wurde.

Berlin – Das ursprüngliche, etwas mickrige Häuschen wurde durch den Anbau nahezu perfekt versteckt.

Regensburg – Ein klares Bekenntnis zur Kaufkultur: Die Alte Wache wird vom Kaufhof wegweisend in die Zange genommen.

Flensburg – Dass diese mittelalterliche Giebelfassade in den Sechzigerjahren im Neubau weiterleben durfte, ist keine Selbstverständlichkeit.

Frankfurt/Main – Ein nicht weniger couragierter Umgang mit historischer Bausubstanz ist aber auch heute möglich.

Frankfurt/Main – Integrierte Schmuckfassaden sind zu allen Zeiten ein Hingucker.

Rostock – Hintersinniges Vexierspiel: Verspiegelter Plattenbau, in dem sich ein Plattenbau spiegelt.

Koblenz – Dieser Siebzigerjahrebau ist mit einer großzügig gefassten Glashaut überzogen worden. Es stellt sich lediglich die Frage, ob vergessen wurde, dass Glas durchsichtig ist.

Hamburg – Sogar ganze Gründerzeitstraßenzüge lassen sich mithilfe billiger Vorbauten bis zur Unkenntlichkeit überformen. In so einem Fall ist wichtig, dass alle Eigentümer gemeinsam an einem Strang ziehen.

Koblenz – Die Überreste der mittelalterlichen Stadtmauer wurden von einem Profanbau überformt und bewohnbar gemacht. Während die Plattform des Wachturms zum Teil als Balkon genutzt wird, übernimmt der benachbarte Giebeldorn die Wachfunktion.

Berliner U-Bahn-Station.

Beschriftet und bemalt

Eine unkomplizierte, aber wirkungsvolle Methode, gezielte Akzente im architektonischen Stadtbild zu setzen, ist die der Bemalung und Beschriftung. Beschriftete Bausünden haben den großen Vorteil, dass sie selbsterklärend sind und keinerlei Kommentars bedürfen. Sie tragen zu einer besseren Lesbarkeit der Architektur bei und eignen sich besonders für Fans von eindeutigen, unmissverständlichen Aussagen, die Klartext präferieren und keine Interpretationsspielräume zulassen möchten. Die Beschriftung erfordert Mut und Selbstbewusstsein, da nichts Geringeres als die alleinige Deutungshoheit beansprucht wird. Der Vorteil besteht darin, dass es sich dabei keineswegs um dauerhafte Setzungen handelt, sondern dass sich die Aussagen oder Botschaften mit relativ geringem Einsatz auch wieder anpassen oder verändern lassen.

Die leichte Austauschbarkeit hat die beschriftete mit der gemalten Bausünde gemein. Während Erstere sich durch ausgesprochene Nüchternheit auszeichnet, ist Letztere von stark illusorischem Charakter und eher etwas für Träumer oder Romantiker. Die gemalte Bausünde kann Möglichkeitsräume eröffnen, Stadtreparatur suggerieren oder auch Unliebsames unsichtbar machen. Sie bedarf eines etwas größeren Aufwands, da sie das Eingreifen eines Künstlers erfordert. Eine standardisierte und ähnlich effektive Alternative zur gemalten Bausünde kann die Fototapete beziehungsweise die bedruckte Plane sein.

Braunschweig – Konsequent in jeglicher Hinsicht.

Berlin – Was sonst?

Berlin – Ungeschönt.

Frankfurt/Oder – Liebevoll gemalte Stadtreparatur. Wirkt leider nur von einer einzigen Ansicht aus – blöd, wenn man sich von woanders her nähert!

Potsdam – Für eine ungetrübte Naturfreude.
www.graco-berlin.de

Berlin – Surrealistische Hausfassade.

Elstal – Effizienter noch als mithilfe der Malerei lässt sich eine belanglose Architektur mittels Fototapete in den Stand einer guten Bausünde erheben.

Berlin – Schinkels Bauakademie soll wiederaufgebaut werden. Eine Gebäudeecke steht schon, und der Rest ist einstweilen als Planen-Attrappe rekonstruiert, in der, um das Verwirrspiel perfekt zu machen, sogar ein echtes Café eingerichtet wurde.

Osnabrücker Steingarten.

Dekoriert

Die einfachste Methode, ein Gebäude schnell, effizient, einigermaßen preiswert und vor allen Dingen eigenhändig in den Stand der Bausünde zu erheben, bietet natürlich das schier unendliche Feld der Dekoration. Alles, was der Baumarkt hergibt, lässt sich in jeder beliebigen Kombination an der Fassade montieren und zur Schau stellen. Und wer einen Garten besitzt, kann um der Stringenz willen auch in diesen Bereich gestaltend eingreifen und mit Brunnen, Skulpturenschmuck, Gartenzwergen, Zäunen, Laternen, Pergolen und natürlich Buchsbaum in jedweder Form unvergessliche Akzente setzen.

Die Dekorationsmethode eignet sich zum einen für die etwas vorsichtigeren Eigenheimbesitzer, die sich nicht so gern festlegen und nach Bedarf die Anregungen aus der Nachbarschaft aufnehmen möchten. Zum anderen bietet sie sich Modebewussten und Trendsettern an, die schnell und flexibel auf die jeweils aktuellsten Modeströmungen reagieren möchten. Man baut sich schließlich nicht alle fünf Jahre ein neues Haus!

Karlsruhe – Längst nicht allen Nachkriegsbauten lässt sich nachsagen, dass sie keinerlei Rücksicht auf die umgebende Bebauung nehmen. In diesem Fall tarnt sich sein Gebäude zwischen den Fensterbändern mit einem Stuckband, das vom alten Baubestand der Stadt abgeformt wurde.

Büchen – Ein erkennbarer Gestaltungswille liegt auch dieser Schaufensterfront zugrunde. Die Natursteinimitat-Verkleidung ist ganz bewusst nachträglich angebracht worden, wie die Schrauben beweisen.

Bielefeld – Ein Traum in Zuckerguss mit Sahnehäubchen.

Asendorf – Auch aus dem schlichtesten Klinkerbau lässt sich etwas machen.

Berlin – Und wenn man keinen Garten hat, dann …

Halle/Saale – ... tut's auch ein Balkon ...

Rendsburg – … oder es wird einfach so getan, als gäbe es einen Garten.

Göttelborn – Ruinenromantik.

Pforzheim – Postmoderner Neopalladianismus.

Streetart

Den größten Reichtum an guten Bausünden bieten Einfamilienhaussiedlungen. Sie sind nicht von der übergeordneten Bausündenpolitik abhängig, sondern allein vom individuellen Gestaltungswillen der einzelnen Bewohner, wodurch sie einer ureigenen Entwicklungsdynamik unterliegen. Meistens genügt ein einziger Impuls, ein Nachbar, der ausschert und versucht, sich gestalterisch über die anderen zu erheben, und die ganze Siedlung zieht nach, rüstet auf und verziert ihre Fassade mit allen erdenklichen Accessoires, mit denen sich Lebenshaltung und -träume in irgendeiner Weise ausdrücken lassen. Nur in sehr, sehr bodenständigen Regionen kann es vorkommen, dass eine gebaute Ekstase ohne Widerhall in der benachbarten Bebauung bleibt. In der Regel aber treten gute Bausünden gehäuft auf, und ein Fundstück ist ein recht zuverlässiger Indikator dafür, dass in der Umgebung noch weitere Blüten zu finden sind.

Bei diesen vielfältigen, fantasievollen Privathäusern handelt es sich weniger um Bausünden als vielmehr um Streetart, mit der die Bewohner sich ihr Quartier aneignen und eigene Spuren hinterlassen. Der einzige Unterschied zu coolen und angesagten Stencils, Cut-outs, Graffitis und Tags besteht darin, dass die Hausbesitzer sich nicht an fremden, sondern ihren eigenen Fassaden austoben und sich dabei auf den urbanen Backstagebereich konzentrieren.

Einfamilienhäuser und Villen

Wenn ein neues Haus geplant wird, ist der Spielraum für Architekturvisionen natürlich am größten. Die bildnerische Konzeption kann sehr individuell ausfallen und reicht von der repräsentativen Villa bis zur Garage.

Wolfenbüttel – Die Krone der Siedlung.

Krefeld – Zentrales Motiv bei dieser fliegenden Villa ist die Dachrinne.

Berlin – Hochherrschaftliche Doppelvilla. Bei einem repräsentativen Synchronauftritt kommt keiner der beiden Nachbarn zu kurz.

Berlin – Ausgebautes Dach mit Piano nobile.

Frankfurt/Oder – Die chilenische Araukarie, die sich anmutig aus dem Salat erhebt, verleiht der einäugigen, auf das Wesentliche reduzierten Fassade Halt.

Krefeld – Das wie ein Observatorium aufgeschobene Dach bietet der Satellitenschüssel einen passenden Rahmen. Auf einen Giebel wurde trotzdem nicht verzichtet.

Berlin – Links kulminiert die Komposition in der Bekrönung der Garage. Verschiedene Architekturträume wurden zu einer eindrucksvollen Synthese gebracht.

Berlin – Punkt, Punkt, Komma, Strich …

Glücksburg – Moderne Trutzburg.

Berlin – Yin-und-Yang-Schwangerschaftstest.

Neumünster – Das japanische Dachrinnenkatapult und die chilenische Araukarie signalisieren Unnahbarkeit, während die Treppenanlage eine einladende Geste formuliert ...

Ahlbeck/Usedom – Die schlichte, in die Balkonbalustrade übergehende Erdgeschosswand bringt den Erkerdorn hervorragend zur Geltung.

Göttelborn – Dieses Haus würde das Saarland nur zu gern hinter sich lassen und in den Schwarzwald auswandern.

Im Baumarktfieber

Ein wahres Eldorado bieten nicht nur Neubaugebiete, sondern vor allem auch die in die Jahre gekommenen Siedlungen der Sechziger- und Siebzigerjahre, die liebevoll »hübsch gemacht« werden.
Besonders amüsant und liebenswürdig wird es dann, wenn Häuser oder Gärten etwas anderes darstellen sollen, als sie sind, wenn der Hausgarten in Frankfurt/Oder als Wüstengarten gestaltet wird, der Bungalow mit Villenportal aufgerüstet wird oder das Einfamilienhaus im Saarland zeigt, dass seine Bewohner lieber im Schwarzwald zu Hause wären.
Spitzenreiter in der Kategorie der umgestalteten Privathäuser sind die Bungalows. Während noch heute in einer klassischen Architekturfakultät innerhalb der ersten fünfzehn Minuten des Studiums das Flachdachparadigma für immer unwiderruflich in den Köpfen der angehenden Architekten verankert wird, offenbart sich der unverkennbare Minderwertigkeitskomplex bei Hausbesitzern nirgendwo so deutlich wie im Bereich des Bungalows. Kaum einer, der noch in seiner Ursprungsform erhalten ist – der Fantasie scheint keine Grenze gesetzt, wenn es darum geht, Bungalows in etwas anderes, »Vollwertiges« zu transformieren. Kein anderer Haustyp ist so anfällig für Pseudo-Butzenscheiben, damit sich zumindest von innen die Illusion eines »vollständigen« Hauses ergibt ...

Glücksburg – Auch hier ist die Sehnsucht nach dem Schwarzwald groß – aufgefangen wird sie jedoch durch ein deutliches Bekenntnis zur maritimen Küstenkultur.

Frankfurt/Oder – Ostdeutscher Wüstengarten.

Neumünster – Dieses Entree lässt Rückschlüsse auf die Schrankwand im Wohnzimmer zu.

Berlin – Pittoreske Romantik pur.

Neumünster – Dieser Bungalow wäre gern eine echte Villa – immerhin hat sich doch noch ein Platz gefunden, an dem sich Hochglanz-Biberschwanzziegel anbringen ließen.

Hamburg – Dieser Bungalow ist eine Villa.

Neumünster – Zu einer Architekturfantasie der Extraklasse wurde dieser Bungalow ausgebaut. Dominiert auf der einen Seite die monumentale Hofbeleuchtung …

... so steht die andere Seite ganz im Zeichen des Leuchtturms mit romantischen Fensterklappen.

Berlin – Ein Lehrstück darüber, wie sich ein Flachdachtrauma in eine Dachillusion verwandeln lässt.

Frankfurt/Oder – Marmormalereien verstärken die Ecken und die seitliche Fensterachse. Jetzt muss nur noch das Portal mit großer Geste nachziehen.

Berlin – Man nehme ein paar Säulen, einen Marmorlöwen, deute einen Laubengang an, pflanze ordentlich Buchsbaum und bringe diesen in Form – fertig ist die Villa!

Berlin – Ein Stück Toskana im Grunewald.

Berlin – Halbe Villa.

Schizohäuser

In jedem Stadtrandgebiet stehen sie: die Häuser mit den zwei Gesichtern. Nirgendwo ist das Bedürfnis, sich von seinem Nachbarn abzugrenzen, so augenfällig ausgeprägt wie in den Doppel- und Reihenhäusern. Am deutlichsten wird das in der Adventszeit, wenn es qua exzessiver Beleuchtung der eigenen Haushälfte möglich wird, die Nachbarhaushälfte unsichtbar zu machen. Aber auch bei Tageslicht in den restlichen elf Monaten des Jahres ist die Distanzierung vom ungeliebten Nachbarn gestalterisch exzellent ablesbar. Doppelhaushälften mit einer einheitlichen Gestaltung sind die absolute Ausnahme. In der Regel wird auf größtmöglichen Kontrast und Konfrontation gesetzt, und alles, was das Potenzial hat, dem eigenen Gestaltungswillen Ausdruck zu verleihen, wird zu Hilfe genommen. Fenster, Türen, Windfänge, Laternen, Hausnummern, Treppenstufen, Farbe und Material der Fassadenverkleidung sowie des Daches und natürlich die Vorgärten bieten die Möglichkeit, sich abzugrenzen und sich selbst zu verwirklichen. Insbesondere der Eingangsbereich wird als Verlängerung der Wohnzimmereinrichtung begriffen, die fortan als Streetart in den Straßenraum strahlt und um Aufmerksamkeit buhlt.

Bielefeld – Der Nachbar ist langweilig …

... und hat keinen Geschmack!

Bielefeld – Verfahren: »Nein, ich bewege mich keinen Millimeter auf meinen Nachbarn zu …

… ich mache mit meiner Hälfte, was ich will!«

Bielefeld – Ein paar Meter weiter war man sich einig und zu Zugeständnissen bereit: Die Vignette muss gerettet …

… und wenigstens schon mal zur Hälfte gerahmt werden.

Göttelborn – Silberblick.

Ahlbeck/Usedom – Das karierte Sockelgeschoss bietet einen wunderbaren Prospekt für die Buchsbaumkugeln.

5

Frankfurt/Oder – Mit vereinter Kraft wird die Palette des nahen Baumarkts beworben …

Innovativ ist hier die aus Böschungssteinen formulierte Treppe, die sehr schön den vertikalen Aspekt des Hinauf- bzw. Hinabsteigens unterstreicht.

Frankfurt/Oder – So schön kann Streetart sein.

† Berlin – Kurzzeitig ist die berühmteste gute Bausünde Deutschlands, der Palast der Republik, im Jahr 2009 noch einmal als Fototapete an der Temporären Kunsthalle am Berliner Schlossplatz auferstanden. Hier ist ein nicht ganz unbedeutendes Kulturdenkmal für immer verloren gegangen. Ob das Humboldt-Forum dem Palast auch nur ansatzweise das Wasser wird reichen können, ist zu bezweifeln.

Nachruf

Für einige meiner Lieblingsgebäude kam jede Hilfe zu spät. Sie sind in den vergangenen Jahren abgerissen worden und damit unwiederbringlich verloren. Mit einer Ausnahme wurden sie von schlechten Bausünden ersetzt. Sie waren hervorragende Architekturen oder zu gute Bausünden – in jedem Fall aber hatten sie eine zu starke Bildqualität, um im Mainstream weiterbestehen zu können.

† Berlin – Im Fall des Centrum-Warenhauses am Alexanderplatz ist gute Architektur der Gleichmacherei zum Opfer gefallen. Jetzt steht an dieser Stelle ein austauschbares, gesichtsloses Kaufhaus. Ein Jammer!

† Halle/Saale – Das Haus des Lehrers, die Fäuste und die Fußgängerbrücken am Riebeckplatz haben den Umbau desselben nicht überlebt. Bedauerlich!

† Lemgo – Was für eine Granate! Inzwischen wurde die Fassade durch eine langweilige Schaufensterfront ersetzt. Tragisch!

† Duisburg – Das war ein Knüller, als der Deko-Markt noch mit eigenen Mitteln versuchte, die etwas sperrige Fassade der Siebzigerjahre aufzuhübschen. Inzwischen ist der Knüllermarkt umgezogen und das Gebäude abgerissen. Schade!

† Berlin – Diese ehemals immergrüne Fassade wurde inzwischen weiß gestrichen. Öde!

Glossar

Von **Blockrandbebauung** spricht man, wenn Gebäude zur Straße hin in geschlossener Bauweise gruppiert werden.

Butzen sind kleine runde Glasscheiben mit einer beidseitigen Erhöhung in der Mitte, meist bleigefasst. Seit einigen Jahren haben romantisierende Sprossenfenster mit rechteckigen Wölbgläsern, die oft fälschlich als Butzenscheiben bezeichnet werden, Hochkonjunktur.

Die **Kubatur** bezeichnet die Körperform eines Gebäudes.

Andrea **Palladio** (1508–1580) gilt als der Erste, der das Tempelmotiv mit einem Profanbau verband, und ist der einzige Architekt, der je einen »Ismus«, den Palladianismus, eine Unterform des Klassizismus, hervorgebracht hat.

Das **Piano nobile** ist das betonte erste Hauptgeschoss in einer Villa oder einem Schloss.

Der **Pritzker-Preis** ist die höchste Auszeichnung, die Architekten erhalten können – eine Art Nobelpreis für Architekten.

Bei der **Rasterfassade** tritt das orthogonale Konstruktionssystem außen als Gliederungselement in Erscheinung.

Als **Schalenkonstruktionen** bezeichnet man gekrümmte, dünnwandige und stabile Tragwerke.

Spolien sind wiederverwendete, ältere Architekturteile.

Die **Traufhöhe** wird am Schnittpunkt zwischen vertikalem Baukörper und (Dach-)Schräge gemessen, meist ungefähr an dem Punkt, an dem die Dachrinne zu finden ist.

Vorhangfassaden sind nicht tragende Fassaden, die der tragenden Konstruktion vorgehängt werden.

Nachtrag zur Neuausgabe

Einige Bausünden, die sich 2013 – als *Die Kunst der Bausünde* erstmals erschien – noch bester Gesundheit erfreuten, haben mittlerweile das Zeitliche gesegnet und sind bedauerlicherweise der Abrissbirne zum Opfer gefallen.

Zu den prominentesten mir bekannten Verlusten gehört die »Bushaltestelle für Riesen« (S. 26), die zusammen mit den anderen Betonpilzen, die einst das Ornament der Kölner Domplatte bildeten, abgerissen wurde. Ebenso sind die Humboldt-Box (S. 66) in Berlin-Mitte und die einsame Fensterachse des Berliner Stadtschlosses (S. 67) inzwischen Geschichte. An dieser Stelle erhebt sich nun eine neue Bausünden-Spezies: der Koloss des »Humboldt-Forums«, das neu errichtete Berliner Fake-Stadtschloss. Auch die Attrappe von Schinkels Bauakademie (S. 119) ist verloren gegangen. Erhalten ist gegenwärtig nur noch die gemauerte Ecke, und es ist zu befürchten, dass diese demnächst um ein Gebäude ergänzt wird.

Neben diesen tragischen Opfern sind auch kleinere Einbußen zu beklagen. So wird aus Würzburg kolportiert, dass das Stadttheater (Cover) zwar noch stehe, der Briefkasten aber verschwunden sei. Doch es gibt auch Positives zu vermelden: Zwei der drei »Unfälle«, die an Körperverletzung grenzten, existieren heute in dieser Form nicht mehr. Der Tunnel in Weimar, der den Vorplatz des Bahnhofs mit dessen Rückseite verbindet (S. 30), wurde vor Jahren schon geschlossen. Und auch das Außengelände der an einer dreispurigen Durchgangsstraße gelegenen Kita in Berlin-Charlottenburg (S. 31) ist inzwischen aufgegeben worden.

Ein besonderes Anliegen ist es mir, im Rahmen dieser Neuausgabe die Stadt Mönchengladbach zu rehabilitieren, nachdem ich sie damals leichtfertig als »vollkommen nichtssagende und gesichtslose Stadt« verunglimpft habe, die sich als hochgradig bausündenfeindlich erweise und konsequent im Bereich des unteren Mittelmaßes bleibe. Ich wurde inzwischen eines Besseren belehrt und weiß jetzt, dass Mönchengladbach sehr wohl mit Bausünden aufwarten kann! Meine vehemente Reaktion lässt sich nur damit erklären, dass ich von der Stadt einfach mehr erwartet hatte. Tatsächlich gehört zu den wichtigsten Indikatoren, die mir beim Aufspüren von Bausünden behilflich sind, die gute Architektur bzw. Baukunst. Es bedarf einer gewissen Ambition und eines Gestaltungswillens, damit – quasi als Nebenprodukt – auch gute Bausünden entstehen können. An Mönchengladbach hatte ich aufgrund des Museums Abteiberg von Hans Hollein, dem Gründungsbau der deutschen Postmoderne, hohe Erwartungen geknüpft, als ich 2012 zu Recherchezwecken in der Stadt war.

Heute ist mir klar, dass mein Urteil vorschnell und zu hart war. Wie ich ungefähr sechs Jahre später bei Stippvisiten in zwei oder drei Wohngebieten feststellen konnte, haben sich die Bürgerinnen und Bürger der Kritik mit vereinten Kräften entgegengestellt und die Sache selbst in die Hand genommen. Der Effizienz halber hat ein großer Teil der Nachbarschaften auf schnell realisierbare Instant-Gestaltungen gesetzt: Schottergärten. Diese boten sich mir in einer nie zuvor gesehenen Dichte in allen erdenklichen Graduierungen – von feinkörnig bis grob – und in den unterschiedlichsten Varianten – von nüchtern-schlicht bis fantasievoll-verspielt – dar. Es zeigt sich, dass ein eklatanter Mangel an originellen Bausünden in den Innenstädten durchaus durch Bürgersinn und Eigeninitiative kompensiert werden kann! Geht doch!

© Philip Birau

Dr. Turit Fröbe ist Architekturhistorikerin, Urbanistin und passionierte Baukulturvermittlerin, wie sie mit ihrem Bestimmungsbuch für moderne Architektur *Alles nur Fassade?* (DuMont 2018) bewiesen hat. Seit 2001 beschäftigt sie sich leidenschaftlich mit dem Thema Bausünden. Mit ihrem Bestseller *Die Kunst der Bausünde* (Erstausgabe 2013) ist es ihr auf humorvolle Weise gelungen, eine Lanze für die Bausünde zu brechen, viele Menschen zum Umdenken zu bewegen und die vermeintlich hässliche Architektur zu rehabilitieren.

176 Seiten / 500 farbige Abbildungen
ISBN 978-3-8321-9947-0

»Ein toller Führer für die Erkundung der eigenen Stadt.«

STERN

Jugendstil, Expressionismus, High-Tech oder Postmoderne? Fünfziger-, Siebziger- oder doch eher Achtzigerjahre? Wie lassen sich Gebäude stilistisch einordnen und was verraten sie über ihr Alter?

Turit Fröbe zeigt, dass es ganz einfach ist, Architektur zu bestimmen – wenn man weiß, wo man hinsehen muss und was für die einzelnen Stile charakteristisch ist. In *Alles nur Fassade?* legt sie alle Kriterien offen, die sie zur Einordnung heranzieht, und macht so die gebaute Umgebung lesbar. Ein perfekter Begleiter für jeden Stadtspaziergang!

FSC
www.fsc.org
MIX
Papier aus verantwortungsvollen Quellen
FSC® C084279

Neuausgabe 2020

Die Erstausgabe erschien 2013 beim Quadriga Verlag, Berlin,
in der Bastei Lübbe AG, Köln.

Gesamtgestaltung: fuxbux, Berlin
Gesetzt aus der Akkurat
Druck und Verarbeitung: Print Consult GmbH, München

Printed in Slovakia
ISBN 978-3-8321-9986-9
www.dumont-buchverlag.de